Hans-Ulrich Wehler

Literarische Erzählung oder kritische Analyse? Ein Duell in der gegenwärtigen Geschichtswissenschaft

Wiener Vorlesungen im Rathaus

Band 131
Herausgegeben für die Kulturabteilung der Stadt Wien
von Hubert Christian Ehalt

Vortrag im Wiener Rathaus
am 18. Oktober 2006

Hans-Ulrich Wehler

Literarische Erzählung oder kritische Analyse? Ein Duell in der gegenwärtigen Geschichtswissenschaft

Mit einem Vorwort von

Hubert Christian Ehalt

Picus Verlag Wien

Grafische Gestaltung: Dorothea Löcker, Wien
Druck und Verarbeitung:
Druckerei Theiss GmbH, St. Stefan im Lavanttal
ISBN 978-3-85452-531-8

Informationen über das aktuelle Programm
des Picus Verlags und Veranstaltungen unter
www.picus.at

Die Wiener Vorlesungen im Rathaus

Die große Resonanz, die der Vortrag des berühmten deutschen Soziologen Prof. Dr. René König am 2. April 1987 im Wiener Rathaus bei einem sehr großen Publikum hatte, inspirierte die Idee einer Vorlesungsreihe im Rathaus zu den großen Problemen und Überlebensfragen der Menschen am Ausgang des 20. Jahrhunderts.

Das Konzept der Wiener Vorlesungen ist klar und prägnant: Prominente Denkerinnen und Denker stellen ihre Analysen und Einschätzungen zur Entstehung und zur Bewältigung der brisanten Probleme der Gegenwart zur Diskussion. Die Wiener Vorlesungen skizzieren nun seit Anfang 1987 vor einem immer noch wachsenden Publikum in dichter Folge ein facettenreiches Bild der gesellschaftlichen und geistigen Situation der Zeit. Das Faszinierende an diesem Projekt ist, dass es immer wieder gelingt, für Vorlesungen, die anspruchsvolle Analysen liefern, ein sehr großes Publikum zu gewinnen, das nicht nur zuhört, sondern auch mitdiskutiert. Das Wiener Rathaus, Ort der kommunalpolitischen Willensbildung und der Stadtverwaltung, verwandelt bei den Wiener Vorlesungen seine Identität von einem Haus der Politik und Verwaltung zu einer Stadtuniversität. Das Publikum kommt aus allen Segmenten der Stadt-

bevölkerung; fast durchwegs kommen sehr viele Zuhörer aus dem Bereich der Universitäten und Hochschulen; das Wichtige an diesem Projekt ist jedoch, dass auch sehr viele Wienerinnen und Wiener zu den Vorträgen kommen, die sonst an wissenschaftlichen Veranstaltungen nicht teilnehmen. Sie kommen, weil sie sich mit dem Rathaus als dem Ort ihrer Angelegenheiten identifizieren, und sie verstärken durch ihre Anwesenheit den demokratischen Charakter des Hauses.

Es ist immer wieder gelungen, Referentinnen und Referenten im Nobelpreisrang zu gewinnen, die ihre Wissenschaft und ihr Metier durch die Fähigkeit bereichert haben, Klischees zu zerschlagen und weit über die Grenzen ihres Faches hinauszusehen. Das Besondere an den Wiener Vorlesungen liegt vor allem aber auch in dem dichten Netz freundschaftlicher Bande, das die Stadt zu einem wachsenden Kreis von bedeutenden Persönlichkeiten aus Wissenschaft und Forschung in aller Welt knüpft. Die Vortragenden kamen und kommen aus allen Kontinenten, Ländern und Regionen der Welt, und die Stadt Wien schafft mit der Einladung prominenter Wissenschaftlerinnen und Wissenschaftler eine kontinuierliche Einbindung der Stadt Wien in die weltweite »scientific community«. Für die Planung und Koordination der Wiener Vorlesungen war es stets ein besonderes Anliegen, diese freundschaftlichen Kontakte zu knüpfen, zu entwickeln und zu pflegen.

Das Anliegen der Wiener Vorlesungen war und ist eine Schärfung des Blicks auf die Differenziertheit und Widersprüchlichkeit der Wirklichkeit. Sie vertreten die Auffassung, dass Kritik ein integraler Bestandteil der Aufgabe der Wissenschaft ist. Eine genaue Sicht auf Probleme im Medium fundierter und innovativer wissenschaftlicher Analysen dämpft die Emotionen, zeigt neue Wege auf und bildet somit eine wichtige Grundlage für eine humane Welt heute und morgen. Das Publikum macht das Wiener Rathaus durch seine Teilnahme an den Wiener Vorlesungen und den anschließenden Diskussionen zum Ort einer kompetenten Auseinandersetzung mit den brennenden Fragen der Gegenwart, und es trägt zur Verbreitung jenes Virus bei, das für ein gutes politisches Klima verantwortlich ist.

Fernand Braudel hat mit dem Blick auf die unterschiedlichen Zeitdimensionen von Geschichte drei durch Dauer und Dynamik voneinander verschiedene Ebenen beschrieben: »L'histoire naturelle«, das ist jener Bereich der Ereignisse, der den Rhythmen und Veränderungen der Natur folgt und sehr lange dauernde und in der Regel flache Entwicklungskurven aufweist. »L'histoire sociale«, das ist der Bereich der sozialen Strukturen und Entwicklungen, der Mentalitäten, Symbole und Gesten. Die Entwicklungen in diesem Bereich dauern im Vergleich zu einem Menschenleben viel länger; sie haben im Hinblick auf unseren Zeitbegriff eine »longue durée«. Und schließlich sieht er in der »histoire événementielle« den Bereich der sich rasch wandelnden Ereignisoberfläche des politischen Lebens.

Die Wiener Vorlesungen analysieren mit dem Wissen um diese unterschiedlichen zeitlichen Bedingungshorizonte der Gegenwart die wichtigen Probleme, die wir heute für morgen bewältigen müssen. Wir sind uns bewusst, dass die Wirklichkeit der Menschen aus materiellen und diskursiven Elementen besteht, die durch Wechselwirkungsverhältnisse miteinander verbunden sind. Die Wiener Vorlesungen thematisieren die gegenwärtigen Verhältnisse als Fakten und als Diskurse. Sie analysieren, bewerten und bilanzieren, befähigen zur Stellungnahme und geben Impulse für weiterführende Diskussionen.

Hubert Christian Ehalt

Vorwort

Seit zwanzig Jahren setzen sich die Wiener Vorlesungen mit jenen Entwicklungen und Diskursen auseinander, die die gesellschaftliche, kulturelle und geistige Situation der Zeit geprägt haben und prägen. Die wissenschaftlich fundierte kritische Auseinandersetzung mit Geschichte und Kultur gehört zu den Schlüsselqualifikationen demokratischer Gesellschaften. Der holländische Kulturhistoriker Jan Huizinga hat mit dem Blick auf die Aufgaben der Geschichtswissenschaft von der geistigen Form gesprochen, in der sich eine Kultur über ihre Vergangenheit Rechenschaft gibt. Für Norbert Elias war die »Mythenjagd« eine wichtige Aufgabe der Soziologie, die jedoch auch unter den Zielsetzungen der Geschichtswissenschaft eine hervorragende Rolle spielt: »Alle Dinge, die differenziert nicht abgehandelt werden, kommen später vulgär zurück.« (Werner Schwab).

Der Umgang mit Geschichte hat – in der Wissenschaft, in den Medien, im alltäglichen Gebrauch – seit den sechziger Jahren des 20. Jahrhunderts eine dynamische Entwicklung genommen, die das Fach Geschichte zu einer aktuellen Gesellschaftswissenschaft gemacht hat, die schon lange eine Schlüsselrolle auf dem Feld aktueller Nachdenkarbeit über Gesellschaft und Kultur einnimmt. Hans-Ulrich Wehler gehört auch im internationalen Maßstab zu jenen Persönlichkeiten, die den Weg des Faches Geschichte von der Peripherie ins Zentrum kritischer Gesellschaftsreflexion vorangetrieben haben. Er war seit den sechziger Jahren ein Wegbereiter einer Geschichtswissenschaft, die sich analytisch mit jenen gesellschaftlichen Prozessen und Strukturen auseinandersetzte, in denen Männer und Frauen in Politik und Alltag Geschichte gestalteten und erlebten.

War die Geschichtsforschung der fünfziger und frühen sechziger Jahre des 20. Jahrhunderts noch wesentlich an Personen und Ereignissen orientiert – der Titel einer österreichischen Fernsehserie aus dieser Zeit, »Männer und Mächte«, steht idealtypisch für den Umgang mit Geschichte damals –, wurde der Blickwinkel auf historische Entwicklungen und Ereignisse in der Folge immer stärker durch eine Zusammenarbeit mit den systematischen Sozialwissenschaften erweitert. Hans-Ulrich Wehler hat sich in seinen Forschungen und in zahlreichen empirisch fundierten und theoretischen Publikationen mit dem Zusammenwirken von Geschichtswissenschaft, Soziologie und Psychoanalyse beschäftigt.

Der gesellschaftsgeschichtliche Ansatz der siebziger Jahre hat den Blick auf historische Prozesse und Strukturen, auf Wirtschaftsentwicklungen, Konjunkturzyklen, demografische Entwicklungen frei gemacht. Die historische Methode der Hermeneutik wurde durch quantitative Analysen ergänzt und bereichert. Ende der siebziger und Anfang der achtziger Jahre begann sich das historische Interesse stärker auf die alltäglichen Lebensfelder der Menschen, auf die Erlebnis- und Wahrnehmungsformen der Individuen, auf Geschichte aus einer Perspektive »von unten«, »über unten« zu konzentrieren. In Forschungskonzepten und -ergebnissen spiegelt sich seither der Gegensatz zwischen auf die Gesellschaft und auf die Individuen und auf deren Gestaltungs- und Deutungsmöglichkeiten bezogenen Perspektiven deutlicher wider.

Hans-Ulrich Wehler hat sich in die Diskussionen und Kontroversen um gesellschafts- und alltagsgeschichtliche Zugangsweisen nicht nur in der Fachöffentlichkeit zu Wort gemeldet. Er, der sich stets mit großem Engagement für eine interdisziplinär fundierte methodisch-theoretische Aufrüstung der Geschichtswissenschaft eingesetzt hat, warnte vor der Sackgasse einer neuen Theorielosigkeit.

Nach der gesellschaftsgeschichtlichen Wende der sechziger und siebziger und der alltagsgeschichtlichen der achtziger Jahre kam ein wenig zeitversetzt noch eine ethnologisch fundierte Sichtweise dazu. Die Rezeption der französischen Historikerschule der »Annales« hatte auch in der deutschsprachigen Geschichtswissenschaft das Interesse an Mentalitätsgeschichte, an Symbolen und Ritualen, Gestus und Habitus, geweckt. In den letzten fünfzehn Jahren, dynamischer in den letzten zehn Jahren, sind die Cultural Studies Promotoren einer Perspektive auf »Geschichte als Text«, auf die Erzählformen und -strukturen von Geschichte. Die Geschichtswissenschaft steht, wie im Übrigen auch andere Geistes-, Kultur- und Sozialwissenschaften, an einem »linguistic turn«. Historische Theorien und Befunde werden mit dem Begriff der Erzählung beschrieben und rezipiert; für große Gesellschaftstheoretiker gibt es den Begriff der »Meistererzähler«. Der allgegenwärtige Leitbegriff der »Diskurse« lenkt den Blick des Historikers von der Geschichte als Faktum auf die Geschichte als Diskursgeschehen und als Text.

Es ist für die Wahrnehmung von Geschichte und Politik nicht unwesentlich, ob gesellschaftliches Geschehen als Faktum oder als Text und Erzählung gesehen und bewertet wird. Fakten – die

Geschichte als Tatbestand (zum Beispiel die Zahlen von Arbeitslosen, die Zahlen von neuen Selbständigen, die Gehalts- und Karriereunterschiede von Männern und Frauen) – kann man zu gestalten und zu verändern suchen, nachdem eine Befundung vorgenommen wurde. Über Erzählungen wird im Regelfall anders geurteilt; über Erzählungen sagt man, sie seien blendend, dramatisch, spannend oder langweilig geschrieben. Die Perspektive, die Geschichte als Erzählung auffasst, trägt in sich die Gefahr, historische Entwicklungen nur oder vor allem aus einer ästhetischen Perspektive zu rezipieren.

Die Aufklärung im 18. Jahrhundert hat die Gesellschaft und die BürgerInnen zu einer kritischen Nachdenk- und Gestaltungsarbeit über Politik und Gesellschaft verpflichtet. Kant forderte in seinem berühmten Text »Was ist Aufklärung?« die Menschen dazu auf, sich ihres eigenen Verstandes zu bedienen; das zentrale Postulat lautete: »sapere aude«, wage es zu wissen. Die Geistes-, Kultur- und Sozialwissenschaften können einen wesentlichen Beitrag dazu leisten, dass Geschichte, Gesellschaft und Politik in einer Kultur kritisch – das heißt mit einer Perspektive auf empirische Tatsachen und auf inhärente Widersprüche – gedacht werden. Hans-Ulrich Wehler war und ist ein wichtiger Vertreter einer modernen Wissenschaftsauffassung, die die Postulate der Aufklärung den aktuellen Bedingungen und Möglichkeiten wissenschaftlich-kritischer Reflexionsarbeit anpasst. Ich freue mich darüber, dass Hans-Ulrich Wehlers Befund zu einer aktuellen intellektuellen Kontroverse nun auch in der Reihe der Wiener Vorlesungen nachlesbar ist.

Hubert Christian Ehalt

Hans-Ulrich Wehler

Literarische Erzählung oder kritische Analyse? Ein Duell in der gegenwärtigen Geschichtswissenschaft

Seit dem Ende der siebziger Jahre läuft eine lebhafte Grundsatzkontroverse über die Vorrangigkeit der Erzählung beim Schreiben der Geschichte, denn sie soll generell an die Stelle des angeblich anachronistischen analytischen Verfahrens treten. Diese neue Strömung stammt aus dem Widerstand gegen die Quantifizierungswut von Neuzeithistorikern aus der französischen »Annales«-Schule und aus dem Kreis der amerikanischen »Cliometriker«, überhaupt gegen die Bevorzugung statistischer Verfahren wie zum Beispiel in der Historischen Demografie und der Wirtschaftsgeschichte. Sie richtet sich aber auch gegen eine Sozial- und Wirtschaftsgeschichte, welche die Geschichtsmächtigkeit von Strukturen und Prozessen anstelle von individuellen Akteuren in den Mittelpunkt stellt, zum Teil auch gegen einen starren Marxismus mit seinen dogmatischen Denkfiguren, wie er zum Beispiel längere Zeit in Frankreich, England und Italien erheblichen historiografischen Einfluss besaß.

Der Tenor der Kritik läuft, kurz gesagt, darauf hinaus, dass diese Ansätze das Lebensschicksal der Individuen verfehlen, kulturellen Prägekräften nicht gerecht werden, auch die Vormacht der Sprache fatal unterschätzen. Denn für nicht wenige Adepten der neuen Strömung war, pointiert gesagt, die Welt ein einziger Text, der sprachanalytisch entziffert werden müsse. Dieser Kritik entsprang die Forderung, sich von den bisherigen Ideenspendern in der Soziologie und Ökonomie, der Demografie und Statistik, erst recht von der marxistischen Theorie vollständig abzuwenden, dagegen hinzuwenden zur deskriptiven Erzählung individueller Lebensschicksale. An die Stelle der Frage nach dem »Warum« sollte die Frage nach dem »Wie« treten: an die Stelle mithin der Suche nach Erklärung die möglichst genaue Beschreibung. Da sich in dieser Debatte Repräsentanten denkbar unterschiedlicher Konzeptionen von Geschichtswissenschaft gegenüberstanden, wurde die Polemik mit großer Heftigkeit ausgetragen. Auf der einen Seite standen die Vertreter einer dogmatischen, oft mit missionarischem Eifer vorgetragenen Lehre von der Sprachgewalt und Kultur. Auf der anderen Seite sammelten sich die Anhänger eines selbstbewussten Rationalismus, der seine Kontrahenten nicht selten mit arrogant wirkender Sicherheit in die Schranken wies.

Diese Kritik wurde durch Entwicklungen außerhalb der eigentlichen Geschichtswissenschaft maßgeblich unterstützt.

1. Die sogenannte »Linguistische Wende«, die von der sprachanalytischen Philosophie inauguriert wurde, ging von der absoluten Vormacht der Sprache aus. Die Welt sei, hieß es, nur geronnener Text, der entziffert werden müsse. Diese Anschauung machte vor allem an den amerikanischen Universitäten Furore, da dort eine starke positivistische Tradition aufgebrochen wurde. Der »Linguistic Turn« breitete sich daher vor allem dort aus und griff dann, zumal nicht wenige Anstöße aus Frankreich stammten, mit dem Anspruch einer allein selig machenden Lehre, zumindest eines entscheidenden theoretischen Wendepunkts, auf Europa über.

2. Hinzu kam der Einfluss der Literaturwissenschaft und der auf sie zurückgreifenden Köpfe, wie etwa Hayden Whites, welche die Geschichtswissenschaft als eine literarische Gattung unter anderem im Grunde der Literatur zuordneten, ihr damit aber einen genuin wissenschaftlichen Charakter absprachen.

3. Schließlich stieg auch der Einfluss der Kulturanthropologie, die den Einfluss der Sozialwissenschaften zu verdrängen begann, da sie sich angeblich »weicher« und verständnisvoller um dass Lebensschicksal von Individuen und ihr kulturelles Ambiente kümmerte. Der Zauberformel von Clifford Geertz, des prominenten amerikanischen Kulturanthropologen, die »Thick Description« zu kultivieren, könne man, hieß es, am ehesten mit literarischer Erzählkunst gerecht werden (sofern man sie denn beherrschte).

Die Kontroverse, die seit den späten siebziger Jahren zwischen den Protagonisten der kulturgeschichtlich orientierten Narrativität und den Verfechtern einer analytisch orientierten Geschichtswissenschaft entstand, war aber keineswegs so brandneu, wie mancher glauben machen wollte. Vielmehr lohnt es sich, sie zu historisieren, denn sie setzte im Grunde eine langjährige Debatte, die bereits um 1900 einen auch jetzt nur selten übertroffenen Höhepunkt mit der Debatte von Max Weber, Ernst Troeltsch, Georg Simmel und anderen erreicht hatte, unter veränderten Auspizien fort.

In Deutschland hatte etwa Leopold von Ranke, ein Jahrhundert lang der nicht in Frage gestellte Guru der deutschen Geschichtsschreibung, an die

Tradition angeknüpft, dass die Geschichtsschreibung zu den »Artes liberales«, zu den liberalen Künsten, im Grunde zur Rhetorik gehöre. Allerdings sollte sie sich durch intensive empirische Quellenstudien wissenschaftlich fundieren, vor allem von der spekulativen Philosophie – gemeint war damals der übermächtige Hegel – und von der Aufklärungshistorie der Göttinger Schule, welche die Vergangenheit am Maßstab der aufgeklärten Vernunft zu messen bestrebt war, klar unterscheiden. Da Ranke selbst durchaus eine schriftstellerische Fähigkeit besaß, gelang es ihm, Geschichte als Erzählung auf wissenschaftlich-empirischer Basis zu präsentieren, mithin als Zweig der Literatur erscheinen zu lassen. Abends las man sich in bildungsbürgerlichen Familien aus Rankes Werken vor, die zur literarischen Gattung gerechnet wurden.

Auch Wilhelm von Humboldt verlangte in seinem berühmten Essay über die »Aufgabe des Geschichtsschreibers«, dass der Historiker ein kritisches Quellenstudium, wie es von den großen Philologen seit dem 18. Jahrhundert entwickelt worden war, mit künstlerischer Darstellung verbinden müsse, um seine Leser zu erreichen, sie für die Erzählung gefangen zu nehmen.

Der klügste theoretische Kopf der deutschen

Geschichtswissenschaft im 19. Jahrhundert, Johann Gustav Droysen, hat die Fusion in seiner »Historik« verteidigt, als er etwa die Überlegenheit des hermeneutischen Verfahrens gegen den Szientismus des positivistischen englischen Historikers Thomas Buckle verteidigte. Hermeneutik – das wurde der Kunstbegriff, der die Verstehenslehre des Historismus meinte. Diese Lehre ging aus der philologischen Feinarbeit von Gelehrten, der Seelenerforschung des Pietismus und aus der Abwehr des Anspruchs der Aufklärung hervor, alles am Maßstab einer einzigen, streng rational verstandenen Vernunft messen zu können. Politisch war die Hermeneutik daher ein antiaufklärerischer Protest, der das historisch Gewachsene durch Verstehen vor der vermeintlichen Nivellierung durch das Vernunftdenken retten wollte, wie es in den Augen seiner Verfechter insbesondere von der Französischen Revolution vertreten wurde. Friedrich Meinecke hat den Historismus eine »geistige Revolution« der deutschen Wissenschaftswelt genannt, doch ideenpolitisch war er eine antirevolutionäre Bewegung, die durch das Verstehen die Vergangenheit auch aufwerten wollte. Um Wirkung zu erzielen, galt eine literarische Form als angemessen.

Dagegen behauptete der Positivismus, ob nun

englischer oder vor allem französischer Herkunft, die Geschichtsschreibung könne und müsse zu einer Wissenschaft vom Typus der Naturwissenschaften werden und in ihrem Sinn allgemeine Gesetzmäßigkeiten des gesellschaftlichen Lebens herausarbeiten. Dieser Ansatz sträubte sich, in Literatur übersetzt zu werden, er verlangte vielmehr analytische Verfahren.

Dagegen wehrte sich auch der einflussreiche deutsche Geschichtsphilosoph Wilhelm Dilthey, als er die Geschichtswissenschaft den von ihm erfundenen »Geisteswissenschaften« zuwies, die mit Hilfe des hermeneutischen Verfahrens die Bedeutung menschlicher Handlungen zu verstehen suchten. Für Dilthey glich die Vergangenheit einem riesigen Text aus Spuren und Zeichen, die vom Historiker entziffert werden mussten, ehe er in kunstvolle Literatur übersetzt wurde. Versuchte sich aber Dilthey selbst als praktizierender Historiker, etwa an einer Deutung des preußischen »Allgemeinen Landrechts«, operierte er freilich nicht als Literat, sondern als analytischer Historiker im üblichen Universitätsdeutsch.

Die rasch voranschreitende Professionalisierung der Historiker in Europa und Nordamerika führte dazu, dass sie sich in eigenen Universitätsinstituten, mit eigenen Fachzeitschriften und in

Gelehrtengesellschaften organisierten. Zusehends schrieben sie primär für ihre urteilsfähigen Zunftgenossen, nicht mehr dagegen für ein allgemeines, vorwiegend bildungsbürgerliches Publikum, das Ranke und Humboldt, Droysen und Dilthey noch vorrangig vor Augen stand, das sie auch gefunden hatten. Die Sprache verwandelte sich in ein spezialisiertes Kommunikationsmittel für den Verkehr zwischen Zunftgenossen; sie verlor zunehmend ihren Charakter als ein allgemeines Medium, in dem die Historiker ihre Ergebnisse dem lesenden Publikum präsentiert hatten.

Währenddessen wuchs zum einen ihre Kritik an der – auch schwer erreichbaren – literarischen Darstellungsform, an einer metaphernreichen Sprache und geschliffenen Rhetorik, da damit die streng wissenschaftliche Kommunikation beschädigt werde. Zum anderen beharrten die Historiker aber durchweg gegenüber dem szientifischen Anspruch der positivistischen Soziologie darauf, dass die Geschichtsschreibung im Idealfall durchaus gelungene Literatur sein müsse. Die Wirklichkeit dementierte diesen Wunsch, denn die Fachsprache wurde immer strenger, sachbezogener, begriffsreicher, damit aber auch abstrakter, hölzerner, trockener, jedenfalls unliterarisch. Das erzeugte ein eigentümliches Spannungsverhältnis zwischen der alltäglichen Praxis der Historikerzunft, die dem damals wirksamen Anspruch auf strenge Wissenschaftlichkeit gar nicht ausweichen konnte, und ihrem proklamierten Wunsch, doch weiterhin als literarische Kunst angesehen zu werden.

Auf diesen Wunsch verzichteten die modernen Sozial- und Wirtschaftswissenschaften seit der zweiten Hälfte des 19. Jahrhunderts ganz und gar. Typisch dafür ist etwa die auf rein begriffliche Klarheit ausgerichtete, menschenfeindliche Prosa Max Webers, der als große Ausnahme für seine »verstehende Soziologie« die Hermeneutik der Geisteswissenschaften für ganz unverzichtbar hielt. Aber krasser als dieser bedeutendste deutsche Sozialwissenschaftler des 19. und 20. Jahrhunderts konnte man das Ideal der literarischen Kunst nicht verletzen.

Die professionelle Fachsprache hat im 20. Jahrhundert ihren Siegeszug mit großen Schritten fortgesetzt, diente sie doch als erlernbare Abkürzung für Eingeweihte. Friedrich Meinecke und Alphons Dopsch, Heinrich Ritter von Srbik und Otto Hintze, der bedeutendste deutsche Historiker in der ersten Hälfte des 20. Jahrhunderts, schrieben zwar ein klares Deutsch, ohne doch den begehrten literarischen Spitzenrang zu erreichen oder auch nur anzustreben. Außerhalb Deutschlands haben die positivistische Tradition in den Vereinigten Staaten und der Historische Materialismus in Frankreich den szientifischen, unliterarischen Charakter der Geschichtswissenschaft ganz so betont, wie er in der Praxis der allermeisten deutschsprachigen Historiker zu Tage trat.

Nach dem Zweiten Weltkrieg setzte ein neuer antinarrativer Schub ein, da quantifizierende, statistische Verfahren seither zunehmend groß geschrieben wurden, nicht selten den Primat beanspruchten. Dahinter steckte der durchaus positivistische Anspruch, auf diese Weise die begehrten allgemeinen Gesetzmäßigkeiten entdecken, sie endlich auch erklären zu können. Von erzählter Literatur war da nirgendwo mehr die Rede. Schon mit einem klaren, geschmeidigen Englisch oder Deutsch hatten die Quantifizierer zu ringen. Von den englischen Historikern etwa schrieb nur E. P. Thompson ein wahrhaft poetisch schönes Englisch.

Wo und wie trat dieser Anspruch zu Tage?

1. In der außerordentlich einflussreichen Schule um die französische Zeitschrift *Annales*, die an der Pariser »Ecole des Hautes Etudes en Sciences Sociales« von ihrem Papst, Fernand Braudel, mit Hilfe seiner schließlich sechshundert Mitarbeiter herausgegeben wurde. Mit der Spitze gegen die in der Tat traditionalistisch erstarrte französische Po-

litikgeschichte sollte eine möglichst konsequent quantifizierende, primär wirtschaftsgeschichtlich orientierte Geschichte vor allem der Frühen Neuzeit geschrieben werden; über die ominöse Schwelle von 1789 wagte sich eigentlich keiner hinaus. Zwar öffnete sich die *Annales*-Schule seit den sechziger Jahren immerfort neuen Wissenschaften, sei es der Psychoanalyse oder sei es der Kulturanthropologie, mit einem geradezu unersättlichen Eklektizismus, aber im Kern pflegte sie doch vor allem eine statistisch betonierte, »kalte« Wirtschaftsgeschichte, deren Grenzen im Laufe der Zeit freilich immer deutlicher zu Tage traten, sodass schließlich der Ruf nach den Akteuren, den erfolgreichen oder scheiternden Individuen, immer lauter wurde.

2. Die Historische Demografie erlebte damals einen ungeahnten Aufschwung und erzielte ihre bahnbrechenden Ergebnisse mit Hilfe aufwändiger statistischer Verfahren. Das trifft sowohl auf die englische Forschungsgruppe um Peter Laslett und Edward Wrigley als auch auf die amerikanischen Experten wie Stephen Thernstrom, John Knodel und Steve Hochstadt zu, in Österreich auf Joseph Ehmer. Ohne den Computer hätten sich die Abermillionen von gesammelten Informationen gar nicht bändigen und zu einer Synthese zusammen-

fassen lassen. Wenn Thernstrom zum Beispiel jene Hunderttausende erfasste, die seit dem späten 19. Jahrhundert alljährlich von Boston aufgesogen und zum großen Teil wieder ausgespieen wurden, ging das nur mit Hilfe streng quantifizierender Verfahren. Auch in der so erfolgreichen Historischen Demografie trat mit einer gewissen Notwendigkeit das Individuum hinter den Zahlenbergen völlig zurück, da es stets um massenhafte Bewegungen ging.

3. In den USA breitete sich seit den späten fünfziger Jahren die Schule der »Cliometriker«, welche die neoklassische ökonomische Theorie, Statistik und Wirtschaftsgeschichte zu verbinden strebten, wie ein Steppenfeuer aus. Dabei wurden mit einem beispiellosen Aufwand Abermillionen von Daten gesammelt, um – oft von kontrafaktischen Fragen angeleitet – Probleme zu klären: Was wäre zum Beispiel aus der Sklavenwirtschaft der Südstaaten ohne den Bürgerkrieg geworden? (Ein lukratives Unternehmen, das keineswegs dem Verfall entgegenging!) Wie hätte sich das amerikanische Verkehrssystem ohne den Eisenbahnbau entwickelt? (Es wären mehr Kanäle und befestigte Straßen gebaut, das Auto früher entwickelt worden.) Viele Ergebnisse blieben strittig. So führte erst das ehrgeizige »Empire-Building« der großen

Unternehmer, welche die transkontinentalen Eisenbahnen von der Ost- bis an die Westküste bauten, zu jenen gewaltigen Investitionen, die dafür unabdingbar waren, während man sich das bei einigen Kanälen und Schnellstraßen (durch die Rocky Mountains?) nicht ohne Weiteres vorstellen kann. Erneut trat jedenfalls der individuelle Akteur hinter großen Schubkräften zurück. Die Zwangsjacke der neoklassischen Theorie versperrte den Zugang zur sozialen Welt, den Max Webers Sozialökonomik hatte öffnen wollen. Viele Projekte scheiterten oder führten nach einem riesigen Aufwand zu schlechterdings banalen Ergebnissen.

Allmählich provozierte daher auch der Erfolg der »Cliometriker« den Gegenschlag: eine tiefe Enttäuschung, was ihre hochmütigen Ansprüche anging, allerdings auch ein Verkennen der zum Teil respektablen Leistungen. Insofern erweist sich als ein erhebliches Manko, dass die deutschsprachige Wirtschaftsgeschichte jener Jahre nur extrem wenige Beispiele cliometrischer Studien hervorgebracht hat. Fast alle lenken auf den Schülerkreis von Richard Tilly zurück, der, aus dem wissenschaftlich berühmten Tilly-Clan stammend, eines der seltenen Beispiele für einen »Brain-Drain« in umgekehrter Richtung, aus den USA nach Deutschland, verkörpert.

4. Auch in der neuen Sozial- und Wirtschaftsgeschichte drangen quantifizierende Ansätze vor, nicht nur bei den »Cliometrikern« oder in der amerikanischen »New Social History«, sondern auch in England und Frankreich, während man in Deutschland, Österreich und der Schweiz von einem vergleichbaren Siegeszug überhaupt nicht sprechen kann. Knappe statistische Tabellen wurden zwar zur Illustration herangezogen, aber die Texte folgten überwiegend dem bewährten hermeneutischen Verfahren. Das kann man etwa an den Studien von Werner Conze und Gerhard A. Ritter, Jürgen Kocka und Klaus Tenfelde ablesen. Nur Hartmut Kaelble betrieb zeitweilig seine streng quantifizierende Mobilitätsforschung, und der bedeutendste österreichische Historiker, Michael Mitterauer, kam bei seinen sozialgeschichtlichen Analysen nicht um das Hilfs- und Beweismittel der quantifizierenden Datenerfassung herum, ergab sich aber mit seinen Mitarbeitern nie dem Irrglauben an die allein selig machende Kraft positivistischer Quantifizierung.

5. Unabhängig von diesem leicht feststellbaren »State of the Art« gab es trotzdem das Schreckgespenst einer angeblich objektivistischen Sozial- und Wirtschaftsgeschichte. Es entsprang weit eher als einem Quantifizierungstrauma der in der Tat

entschiedenen Betonung von mächtigen Strukturen und Prozessen, die als restriktive Bedingungen menschlichen Handelns den Vorrang vor den individuellen Akteuren eingeräumt bekamen. Diese Privilegierung fand sich in den meisten Studien etwa zur Klassengeschichte, zur Familiengeschichte, zur Bevölkerungsgeschichte, zur Industrialisierungsgeschichte. Dafür gab es vorzügliche Gründe, da man mächtigen Antriebs- und Beharrungskräften nur so gerecht werden kann.

Mir scheint, dass es aber auch generations- und lebensgeschichtliche Gründe gab, dass sich die Sozial- und Wirtschaftshistoriker nicht zu Anhängern des heraufziehenden Individualisierungs- und Pluralisierungskults mauserten. Diese Gründe lenken auf ihre Erfahrungen in der Kriegs- und Nachkriegszeit hin, als sie die dominante Kraft überindividueller Bedingungen selbst erfahren hatten. Das schützte vor einer Überschätzung individueller Akteure, brachte aber auch die Gefahr mit sich, den Handlungsspielraum und die Gestaltungsmöglichkeiten Einzelner drastisch zu unterschätzen.

6. Und schließlich hatte sich in der französischen und italienischen Geschichtsschreibung, zum guten Teil auch in der englischen Sozialgeschichte, ein Marxismus entfaltet, der nicht selten starre Züge gewann, mithin keineswegs immer die

erstaunliche Elastizität der Argumente von Eric Hobsbawm und E. P. Thompson besaß. Deshalb wirkte er auf Jüngere zunehmend als starres Prokrustesbett, zumal im Angesicht des totalitären Sowjetmarxismus die politische Anziehungskraft dieser Heilslehre drastisch nachließ. Die Niederschlagung des Ungarn-Aufstands 1956, des Prager Frühlings 1968, der ersten Solidaritäts-Bewegung in Polen führte auch bei den lange Zeit politisch Gläubigen zu einer Entzauberung des verstaatlichten Marxismus. Mit E. P. Thompson traten auch wichtige andere Figuren des britischen Marxismus, namentlich der berühmten »Cambridge Group of Communist Historians«, aus der englischen KP aus. Es dauerte nicht lange, bis die unter neomarxistischem Vorzeichen gegründete, zu Recht viel gepriesene Zeitschrift *Past & Present* ihren ursprünglichen Untertitel *A Journal of Scientific History* aufgab, da mit »Scientific« der Wissenschaftsanspruch des Marxismus gemeint war. Bei E. P. Thompson – und nicht nur bei ihm – führte die Abwendung von der politischen Religion seiner Jugend zu einer pointiert kritischen Distanz.

Ähnliche Erosionserscheinungen traten unter den Anhängern des Marxismus in Frankreich auf, wo sich zahlreiche junge Intellektuelle, auch nachmals berühmte Historiker, wegen der Kollaboration des Vichy-Regimes mit dem »Dritten Reich« ursprünglich der KPF angeschlossen hatten. Derselbe Prozess spielte sich auch in Italien ab, als der Mythos und Glanz der kommunistischen »Resistenza« verblassten und der russische Stalinismus zunehmend abschreckend wirkte. Trotz dieser internen Auflösungserscheinungen gehörte es zu den Nachwirkungen der marxistischen Dogmenlehre, dass sie die Aversion gegen diese szientifische Geschichtsschreibung verstärkte.

Die konservative Zunftopposition gebrauchte gern den Vorwurf des Neomarxismus gegen die vordringende Sozialgeschichte, um sie nachhaltig zu diskreditieren. Dabei gab es in der Bundesrepublik nicht einen einzigen marxistischen Historiker, was nicht ausschloss, dass wir in Bielefeld mit unserem Schwerpunkt »Theoriegeleitete Sozialgeschichte«, einen Hauch links von der Mitte, als Speerspitze des Kulturbolschewismus galten, obwohl von vierundzwanzig Hochschullehrern gerade einmal zwei einer so milden Reformpartei wie der SPD angehörten.

In Frankreich, England und Italien war der Einfluss des Marxismus bekanntlich ungleich stärker, wirkte aber auch zunehmend einengend. Jedenfalls verstärkte dort die Opposition gegen ihn die aufkommende Ablehnung einer strukturalistischen Interpretation in der Geschichtswissenschaft.

Dieses Bündel von Einflussfaktoren erwies sich allmählich als stark genug, um eine prinzipielle, teils durchaus berechtigte, teils maßlos übertriebene Opposition gegen das Denken in mächtigen Strukturen und Prozessen hervorzubringen – eine Strömung, die nun dezidiert auf die Privilegierung individueller Akteure, des individuellen Lebensschicksals, der individuellen Handlungschancen setzte. Anstelle der Soziologie, der Politikwissenschaft, der Ökonomie wurde die Kulturanthropologie als neue Leitwissenschaft eingesetzt, da sie mit »weicheren« Methoden dem Individualisierungswunsch weitaus besser gerecht zu werden schien. Daneben stiegen die Literaturwissenschaft und die Sprachphilosophie zu den neuen Ideen- und Methodenspendern auf. Manche glaubten, das hermeneutische Plädoyer Hans Georg Gadamers und Paul Ricœurs habe auch die analytisch orientierte Geschichtswissenschaft unterminiert. Aber deren Einfluss hat zum Beispiel die deutsche Sozialgeschichte keineswegs umgepflügt. Denn sie hatte ja nie auf den hermeneutischen Ansatz verzichtet und erkenntnistheoretisch ganz auf der Linie Max Webers und der Neukantianer die historische, nach den Zeitumständen wechselnde Prägung ihrer erkenntnisleitenden Interessen bereitwillig anerkannt und offen dargelegt.

Die neue Kritik griff aber auch auf den linguistischen Strukturalismus in Frankreich zurück, der sich auf Vorläufer wie Ferdinand de Saussure und die russischen »Formalisten« stützte, um eine kritische Theorie mit dem Ziel zu entwickeln, die Hegemonie der Sozialwissenschaften in der Gelehrtenrepublik der Nachkriegszeit zu beenden. Bei Roland Barthes, dem einflussreichsten Repräsentanten dieses Strukturalismus, sollte die Textkritik die Sozialkritik, wie sie namentlich der Marxismus entwickelt hatte, als Befreiungslehre für die unterdrückten Klassen ersetzen. Nicht nur die Sozialwissenschaften, sondern auch die Geschichtswissenschaft seien mit ihrem – kühn unterstellten – Ziel eines Umbaus der Gesellschaft gescheitert, weil sie naiverweise geglaubt hätten, die »Wirklichkeit« direkt erreichen zu können, obwohl diese doch nur – so die Grundthese – durch die Vermittlung der Sprache überhaupt zugänglich sei. Gegen diesen vermeintlichen »Realismus« setzte Barthes die Überzeugung, dass »einer Tatsache stets nur linguistische Existenz« zukomme. Indem die strukturalistische Kritik die realistischen Vorurteile demaskiere, könne sie gegen die Entfremdung der beherrschenden Klassen ankämpfen.

Die bald darauf hervortretenden poststrukturalistischen Wortführer in Frankreich, Philosophen wie Jacques Derrida und Michel Foucault, sahen eine wesentliche Aufgabe darin, das Wissen zu »dekonstruieren«. An die Stelle hermeneutischer Grundbegriffe wie Autor und Intention traten starre Diskursregeln als die geheimen Regenten der Machtausübung. Namentlich Foucault blieb in seinen Denkformen dem attackierten Strukturalismus zutiefst verhaftet. Lyotard fügte dem die Kritik an den »Meistererzählungen« hinzu, wodurch nur noch die Fragmente narrativ geschilderter historischer Abläufe übrig blieben. Der Altertumshistoriker Paul Veyne, ein Freund Foucaults, wollte in der Geschichte nur mehr eine »erzähltechnische Komposition«, nur die Kunst sehen, wahre Geschichten zu erzählen. All jene Historiker, die an der Lösung ihrer schwierigen Aufgaben durch eine empirische Wissenschaft wie die Geschichtswissenschaft festhielten, konnte er mit seinen freischwebenden epistemologischen Überlegungen nicht erreichen. Aber auf die neue Kritikströmung gewannen all solche Reflexionen einen maßgebenden Einfluss.

An die Stelle der unersättlichen Neugier, die sich etwa bei den Sozialhistorikern auf alle klugen Köpfe der Soziologie und Ökonomie, die Politikwissenschaft und Demografie gerichtet hatte, um ihre Einsichten und Anregungen aufzugreifen, trat mit dieser neuen Strömung die weitaus engere, oft auch selbstzufriedene Genügsamkeit, sich mit der Kulturanthropologie, Linguistik und Literaturwissenschaft angemessen ausrüsten zu können. Der Protest gegen die vorherrschende strukturalistische Geschichtswissenschaft bündelte sich auch in der Forderung nach einer Rückkehr zur Narrativität. Dahinter steckte das Postulat, zu einer Geschichtsschreibung als Literaturgattung zurückzukehren. Das ist die Konstellation, innerhalb derer sich seit etwa dreißig Jahren die Grundsatzdebatte: das Duell zwischen Narrativisten und Analytikern, bewegt, wenn man es in idealtypischer Zuspitzung so nennen darf. Als Anhänger des agonalen Prinzips sehe ich große Vorzüge darin, diese Debatte als Ergebnis tief reichender Konflikte, nicht aber als Gang der friedlichen Evolution unterschiedlicher Leitvorstellungen von Geschichte anzusehen.

Es geht bei diesem Konflikt nicht nur um die Darstellungsformen und Wissensziele, sondern auch um den Streit darüber, ob die großen »Meistererzählungen«, wie man seit Jean-François Lyotard ad nauseam wiederholt, die umfassenden, das historische Wissen in einer Synthese bündelnden

Leitideen passé seien oder ob man nicht umhin könne, leitende Erkenntnisinteressen wie die westliche Modernisierung, die Staatsbildung, den Aufstieg des Sozialstaats und so weiter zu verteidigen und unser Wissen dementsprechend zu strukturieren. Ein großartiges Plädoyer für die Leitidee vom Unikat der okzidentalen Modernisierung findet sich jetzt in Michael Mitterauers Buch über die Genese Europas – fraglos eine »Meistererzählung«, deren Ziel ich voll teile.

Wie ist der Stand der Kontroverse heute? Welche Studien oder Erfolgsbeweise unterstützen jeweils das eine oder das andere Lager?

Zuerst aus Gründen der Fairness zu der neuen Strömung, die in mancher Hinsicht den Finger auf eine Wunde gelegt hat. Die analytische Sozialgeschichte, ihr bevorzugter Kontrahent, hat auf ihrer Suche nach den »harten« Einflussfaktoren – wie Klassenlagen, Konjunkturzyklen, demografischen Bewegungen – die Welt der »weichen« Faktoren, der Mentalität etwa, der Symbole, der Rituale, der religiösen Weltbilder, sträflich vernachlässigt, obwohl den Weberianern unter ihnen die steuernde Rolle der Weltbilder durchaus vertraut war. Hier wurde ein evidenter Nachholbedarf zu stillen versucht, eigentümlicherweise zuerst im Bereich der mittelalterlichen und frühneuzeitlichen Geschichte, wo eine fremdartige Welt auf Verständnis zu warten schien, seltener im Bereich der neuzeitlichen Geschichte.

Diesem Anspruch kam auch die »neue Ideengeschichte« entgegen, die auf einem vertrauten Arbeitsfeld frischen Wind entfachte, wenn etwa John G. A. Pocock die Wanderung des republikanischen Ideensystems von der Antike über die italienischen Stadtstaaten bis zum Beginn der eigentlichen Neuzeit verfolgte. In den Vordergrund rückte auch zeitweilig der Kosmos von Familien, Dörfern, Stadtteilen, in denen die sogenannte Mikrohistorie das individuelle Lebensschicksal genauer zu erfassen hoffte, während die strukturellen Rahmenbedingungen oft erstaunlich weit zurücktraten.

Durchaus vergleichbare Interessen verfolgte die sogenannte Historische Anthropologie in England und in der Bundesrepublik, obwohl sich unter ihrem weiten Dach ganz unterschiedliche Strömungen der neuen Kulturgeschichte vereinigten. Auch ihr ging es vorwiegend um kleine menschliche Verbände oder um Individuen, um möglichst anschaulich und genau ihr kulturelles Universum und die »Logik« ihres Verhaltens und Handelns zu erfassen.

Eine eigentümliche Sonderstellung gewann die von Reinhart Koselleck entwickelte Begriffsgeschichte, die in dem monumentalen Lexikon der »Geschichtlichen Grundbegriffe« ihre weit ausgreifenden Ansprüche anmeldete. Zwar wurden die Sozialhistoriker Werner Conze und Otto Brunner als Mitinitiatoren aufgeführt, aber das gesamte intellektuelle Programm und die Mehrheit der grundlegenden Lexikonartikel stammten von Koselleck. Seine Begriffsgeschichte lud zur Anwendung ein, längst ehe sich die kulturalistische Welle auf breiter Front geltend gemacht hatte. Aber zum einen war sie außerordentlich anspruchsvoll, wenn man Kosellecks Kriterien und seiner Praxis genügen wollte. Zum anderen nutzten sie viele gewissermaßen nur als Sprungbrett, ehe sie zu den eigentlichen Problemen etwa der Adels- oder Bürgertumsforschung vorstießen. Von den Verfechtern der kulturalistischen Wende wurde diese Begriffsgeschichte ganz überwiegend links liegen gelassen, sodass sie jetzt wie ein einsames Monument einer vergangenen Anstrengung und doch noch längst nicht in ihrem Potenzial ausgeschöpft daliegt. So besetzt sie in einer eigentümlichen Isolierung einen Forschungsbezirk, der außerhalb der Bundesrepublik allenfalls John G. A. Pocock und Quentin Skinner interessiert.

Allerdings tauchte auch bald wieder, wie die Kritiker monierten, die Gefahr eines simplen Antiquarismus auf, der sich mit der Deskription eines bunten Ausschnitts aus der Vergangenheit begnügte, sich den schwierigen Problemen der langlebigen Entwicklung nicht mehr stellte, damit auch die grundlegend wichtige erkenntnistheoretische Frage der Zurechenbarkeit bestimmter Phänomene zu vergangenen Konstellationen nicht verfolgte. Folgerichtig gibt es auch noch keine kulturgeschichtliche Synthese, da der Kulturbegriff der neuen Strömung zu amorph geblieben ist, um die im Prinzip unendliche Vielfalt der Vergangenheit unter klaren Gesichtspunkten zu strukturieren. Synthesen aber erwartet das Publikum, erwarten auch die Studenten und Zunftgenossen – und da tut sich bisher eine gähnende Leere auf.

Es gibt auch andere wunderliche Erscheinungen im Lager der neuen Strömung. So hat etwa der französische Sozialtheoretiker Michel Foucault, alles andere als ein praktizierender und überzeugender Historiker, mit seiner düsteren, zutiefst skeptischen, aufklärungsfeindlichen Grundhaltung, seinem pessimistischen Glauben an die überall expandierende »Kerkergesellschaft« einen erstaunlichen Einfluss gewonnen. Er kommt offenbar dem modernitätskritischen Denken einer jüngeren Generation entgegen, die das Bekenntnis zu ihm unüberhörbar proklamiert, aber bisher, soweit ich zu sehen vermag, in keinem einzigen Land einen historischen Text zustande gebracht hat, der die Überlegenheit des Foucault'schen Denkens demonstrierten könnte. Überall beschränkt sich die Foucault-Begeisterung auf deklamatorische Postulate, doch die Anwendung auf lohnende historische Fragen bleibt aus.

Die Diskursgeschichte will zwar oft an ihn anknüpfen, aber die beiden Varianten von Foucaults Diskurslehre zeigen, dass die frühe, von ihm selber alsbald dementierte »archäologische« Variante radikal antihermeneutisch und daher unbrauchbar ist, die zweite, die »genealogische« aber unvergoren an Nietzsche anknüpft und in eine andere Sackgasse führt. Wenn man daher Diskursgeschichte betreiben will, und sie lohnt sich durchaus, muss man den Foucault'schen Irrglauben an die Allmacht der Diskurse aufgeben und zum Pluralismus der historischen Potenzen zurückkehren – und dann kann man auch bei anderen Diskursverfechtern anknüpfen.

Ebenso überholt hat sich die Begeisterung für Hayden Whites Plädoyer, die Geschichtsschreibung der Literatur zuzuschlagen, da sie auch letztlich nur Narrative präsentieren könne. Nun ist nichts gegen den Rückgriff auf Nachbarwissenschaften zu sagen, wenn sie lohnende Impulse versprechen. Das würde wohl jeder Sozial- oder Politikhistoriker bereitwillig sogleich einräumen, da seine eigene Praxis oft durch solche Anleihen bestimmt wird.

Aber unkritisch der White'schen Leier zu folgen, ignoriert zumindest dreierlei:

1. seine erstaunliche Unkenntnis der klassischen und modernen Geschichtswissenschaft;

2. die Unfähigkeit, komplizierte Probleme narrativ fassen zu können;

3. die abstruse White'sche Ablehnung jeder Annäherung an historische Wahrheit, wodurch einem simplen Relativismus in die Hände gespielt wird.

Überall, ob es um die Französische, die Amerikanische, die Englische Revolution, den Nationalsozialismus, den Holocaust geht, haben sich die entscheidenden Probleme nicht als fiktionale Texte fassen lassen. Die Narrativitätsapostel sind rundum gescheitert. Was bleibt dennoch?

Die erneut aufgewertete Kulturgeschichte hat wichtige Fragen aufgegriffen, ein riesiges Feld liegt noch vor ihr. Nachdem die Bedeutung des »Linguistic Turn« und die Narrativitätsforderung zusammengeschrumpft sind, kann sie sich, epistemologisch mit fruchtlosem Problemen weniger belastet, den offenen Fragen zuwenden. Vier von ihnen zumindest bleiben:

1. Ist es nicht aussichtsreicher, den eigenen Autonomie- oder sogar Vorherrschaftsanspruch zurückzustellen und bewusst die Kooperation, sogar die Fusion mit der Sozial-, der Politik-, der Ideengeschichte zu suchen? Überzeugende Beispiele für diese Fusion gibt es bereits (zum Beispiel in Stefan Hoffmanns Freimaurerbuch), sie unterstützen diesen Vorschlag.

2. Und wie will sie die begehrte, die unverzichtbare Synthesefähigkeit gewinnen, wenn sie nicht auf die Zentralkategorie eines amorphen Kulturbegriffs verzichtet und sich bereitwillig weiteren Konzeptionen öffnet? Das könnte zum Beispiel die Weber'sche Weltbildanalyse sein, die er so meisterhaft in den drei Bänden seiner Religionssoziologie demonstriert hat. Aber dafür müsste sie sich, auf der Linie von Friedrich Jägers Plädoyer, auf den bisher abgelehnten oder ignorierten Weber zuerst einmal einlassen.

3. Drittens schließlich bleibt ganz unbestritten eine Gattung, in der sich die narrative Geschichtsschreibung immer wieder bewährt: Das ist die Biografie. Golo Manns »Wallenstein« und Joachim Fests »Hitler« zum Beispiel leben auch und gerade von ihrem literarischen Glanz als die erzählte Geschichte wichtiger historischer Figuren. Die Voraussetzung war fraglos eine Begabung im

Umgang mit der Sprache, die ihresgleichen sucht. Solche Wortfindungskraft, solch ein Stil sind aber nicht Gemeingut aller Historiker, sondern eine Seltenheit. Man lernt freilich auch aus der Biografie Friedrichs des Großen von Johannes Kunisch und aus der Biografie Peters des Großen von Reinhard Wittarm, wie man auch ohne dieses Sondertalent glanzvolle Biografien schreiben kann. Von allen Historikern literarische Fähigkeiten zu erwarten, überschätzt ihre große Mehrheit, denn dieses Talent tritt viel zu selten auf. Dennoch können sie gute Historiker sein!

4. In einem weithin vom Positivismus geprägten intellektuellen Gelände hat die leidenschaftliche Debatte um Narrativität, die »linguistische Wende« und die Kulturgeschichte zu einer erkenntnistheoretischen Klärung geführt, die unter anderem eine Anerkennung und Aufwertung der Hermeneutik gebracht hat. Das bleibt ein Verdienst der Diskussionsteilnehmer, da ohne ihren Engagementüberschuss ältere starre Fronten nicht so leicht aufzulösen gewesen wären. In der deutschsprachigen Geschichtswissenschaft traf diese Debatte auf die vom Historismus längst durchgesetzte Hermeneutik, die dort, auch unter Sozialhistorikern, fest etabliert war. Deshalb wirkte sich dort der missionarische Eifer der Adepten der neu-

en Strömung nicht so erfolgreich aus wie zum Beispiel in den Vereinigten Staaten.

Im Rückblick erkennt man, dass die bewährte hermeneutische Tradition und die Aufgeschlossenheit gegenüber dem Theorieangebot wichtiger Nachbarwissenschaften einen Vorsprung verschafft hat, den die narrativ-kulturgeschichtliche Strömung mit ihren konkurrierenden, diffusen epistemologischen Vorstellungen nicht hat einholen können. Da aber nur extrem wenige Historiker das literarische Talent für überzeugend erzählte Geschichte besitzen, da die Mikrogeschichte eines schwäbischen Dorfes oder eines proletarischen Wohnviertels im Ruhrgebiet nur eine kurzatmige Befriedigung verschaffen, bleibt die bisher ungelöste Aufgabe bestehen, die erkenntnisleitenden Interessen und erkenntnistheoretischen Grundlagen der neuen Kulturgeschichte endlich angemessen zu erklären. Angesichts der zahlreichen Modeerscheinungen, die mit der neuen Strömung verbunden waren (und weiterhin sind), können theoriebewusste Historiker diese klärende Reflexion über erkenntnistheoretische Grundsatzfragen in Ruhe abwarten.

Was hat die Gegenseite der analytischen Geschichtswissenschaft ihrem Kontrahenten an Vorzügen voraus?

1. Die analytische Geschichtswissenschaft besitzt in aller Regel klare, explizierte erkenntnisleitende Interessen, die sie den Lesern oder Hörern erläutert, damit aber auch diskussionsfähig macht. Diese Interessen sind nicht nur an den Erfahrungshorizont des Historikers, sondern gewöhnlich auch an Gegenwartskonstellationen in der politischen Öffentlichkeit zurückgebunden. Von ihr wird sie unterstützt, oder sie versucht, diese Öffentlichkeit in ihrem Sinn zu beeinflussen – ganz gleich, ob es um die Habitusbildung durch den Nationalismus, den westfälischen Adel oder die Durchsetzung des Sozialstaats geht.

2. Die analytische Geschichtswissenschaft ist sich der Komplexität historischer Phänomene bewusst. Daher glaubt sie gewöhnlich nicht, auf einer Einbahnstraße ihr Ziel erreichen zu können. Sie mag hier und da die Sozialgeschichte oder die Wirtschaftsgeschichte, die Politikgeschichte oder die Historische Demografie privilegieren. Aber die lohnenden Beispiele dieser Strömung versuchen standhaft, möglichst vielen Dimensionen der historischen Realität gerecht zu werden, man denke nur an Kosellecks Preußen-Buch oder Kockas Siemens-Studie. Deshalb fällt es Sozialhistorikern auch leichter, die Kritik und die Themen der neuen Kulturgeschichte aufzunehmen und sie nach

Möglichkeit in die eigenen Projekte zu integrieren. Es ist eine durchsichtige, polemische Legende, namentlich den jüngeren Sozialhistorikern Ignoranz gegenüber Symbolen und Ritualen, religiösen Weltbildern und individuellen Akteuren zu unterstellen. Man blicke nur auf Thomas Mergels exzellente Monografie über das katholische Bürgertum in Köln in den anderthalb Jahrhunderten vor 1914. Umgekehrt tun sich die neuen Kulturhistoriker ungleich schwerer, sich gegenüber Nachbardisziplinen zu öffnen, die ihren Nutzen für Historiker bereits bewiesen haben.

3. Im Allgemeinen, das ist wahr, legen die analytisch vorgehenden Historiker das Schwergewicht auf jene Vielzahl restriktiver Bedingungen, welche den Handlungsspielraum von Klassen und Eliten, aber auch und gerade von individuellen Akteuren festlegen. Hinter dieser Entscheidung steckt eine skeptische Anthropologie, welche den Einfluss von Individuen in der Regel – Volksführer, große Demagogen und Charismatiker bilden die bereitwillig anerkannte Ausnahme – nicht allzu hoch veranschlagt.

Dieser Distanzierung entspricht auch die Zurückhaltung, mit der die meisten Sozialhistoriker der »Oral History« begegnet sind. Abgesehen von den methodischen Problemen, wann man der Erinnerung der Zeitzeugen glauben kann, bleibt eine Grundannahme, die Überschätzung individueller Erfahrungen, weiter bestehen. Für den farbigen Tupfer eines treffenden Zitats mögen sich daher Zeitzeugenberichte eignen, synthesefähige Geschichte kann man auf ihnen nicht aufbauen. Diese Skepsis mag man für diskussionsbedürftig halten. Wahrscheinlich ist sie ja auch, wie gesagt, in erkennbarem Maß generationsabhängig. Aber die Grundannahme bleibt, auf diese Weise dichter an jene vertrackte Erscheinung heranzukommen, die wir abkürzend die historische Wirklichkeit nennen.

4. Historiker haben es ständig mit der »doppelten Konstituierung« von Realität zu tun. Zum einen wird diese durch die subjektive Perzeption der Lebensbedingungen geschaffen, und dieser Wahrnehmung pflegen Menschen in aller Regel mit ihrem Handeln zu folgen. Zum anderen gibt es eine objektivierbare Wirklichkeit, die sich in Konjunkturzyklen, demografischen Bewegungen, Sozialstrukturen, politischen Regimen und so weiter erfassen lässt. Im Gedanken- und Sprachhaushalt der Individuen, in ihrer Wirklichkeitswahrnehmung braucht sie aber gar nicht vorhanden zu sein, obwohl sie zentrale Handlungs- und Lebensbedingungen festlegt. Mir scheint es ein großer Vorzug

der analytischen Geschichtswissenschaft zu sein, dass sie dieser »doppelten Konstituierung« von Wirklichkeit ungleich besser gerecht werden kann als die narrative Erzählung oder die kulturgeschichtliche Monografie, die sich mit dem zweiten Aspekt noch immer sehr schwertut, wenn sie ihn überhaupt berücksichtigt.

5. Fraglos ist die analytische Geschichtswissenschaft ein Kind des Rationalismus. Denn sie baut darauf, mit präzisen erkenntnisleitenden Interessen, überzeugender Analyse der restriktiven Bedingungen und der von den Individuen perzipierten Welt in klarer Prosa den Leser oder Hörer zu erreichen. Sie will ihn mit der Kraft ihrer Argumente überzeugen oder zumindest doch seinen Widerspruch präzisieren. Sie baut im Grunde auf einen durch und durch argumentativen Dialog, verlässt sich mithin auf die Überzeugungskraft des rationalen Denkens. Damit sind auch Grenzen vorgegeben, da sie zum Beispiel nicht wie die seltene große literarische Geschichtsschreibung Emotionen mobilisieren kann. Aber wenn man eine Bilanz zieht, sehe ich noch immer keine überzeugendere Alternative. Wenn es sie denn gäbe, würde man mit fliegenden Fahnen zu ihr übergehen. Aber noch ist diese Alternative nicht einmal von ferne zu erkennen.

Weiterführende Literaturhinweise

Eine bequeme Einführung in die hier behandelte Problematik bietet:

J. Eibach u. G. Lottes (Hg.): Kompass der Geschichtswissenschaft, Göttingen 2002;

vor allem die folgenden Beiträge sind heranzuziehen:

G. Noiriel, Die Wiederkehr der Narrativität, S. 255–270;

G. Motzkin, Das Ende der Meistererzählungen, S. 371–387;

J. Revel, Die Annales, S. 23–37;

R. Chartier, New Cultural History, S. 179–206;

R. Jütte, Diskursanalyse, S. 307–317;

S. Burghartz, Historische Anthropologie – Mikrogeschichte, S. 206–218;

J. Hampsher-Monk, Neuere angloamerikanische Ideengeschichte, S. 293–306;

C. Tilly, Neuere angloamerikanische Sozialgeschichte, S. 38–52;

P. Nolte, Historische Sozialwissenschaft, S. 53–68.

Wegen ihres nachhaltigen Einflusses auf die Diskussion sind auch noch immer drei Beiträge von Lawrence Stone wichtig:

The Revival of the Narrative, in: Past & Present 85. 1979, S. 3–24, u. in: The Past and the Present, Boston 1981, S. 78–96, dt. Die Rückkehr der Erzählkunst, in: U. Raulff (Hg.), Vom Umschreiben der Geschichte, Berlin 1986, S. 3–24;

History and the Social Sciences in the 20th Century, in: C.F. Delzell (Hg.), The Future of History, Nashville 1977, S. 3–42, u. in: Stone: The Past and the Present, S. 3–44 u. 260–263;
History and Postmodernism, in: Past & Present 131. 1991, S. 217 f., ebd.: 135. 1992, S. 189–94.

Der Autor

Hans-Ulrich Wehler, geboren 1931, studierte Geschichte und Soziologie an den Universitäten Köln, Bonn und Athens/Ohio (USA). Er promovierte 1960 bei Theodor Schieder über »Sozialdemokratie und Nationalstaat (1840–1914)«. Nach seiner Habilitation 1968 blieb er bis 1970 als Privatdozent in Köln, bevor er 1970/71 Professor an der FU/Berlin wurde. Von 1971 bis zu seiner Emeritierung im Jahr 1996 war er Professor für Allgemeine Geschichte in Bielefeld. Er lehrte außerdem als Gastprofessor in Harvard, Princeton, Bern, Yale und Stanford.